Weltgeschichte für junge Leser

In dieser Reihe sind bisher erschienen:

.... Die Ritter
.... Die großen Entdeckungsreisen
.... Das Leben der Kinder im alten Ägypten
.... Das Leben der Kinder im alten Rom
.... Das Leben der Kinder im alten Griechenland
.... Das Leben der Kinder bei den Azteken
.... Das Leben der Kinder bei den Indianern
.... Das Leben in der Steinzeit
.... Das Leben der Kinder im Mittelalter
.... Die Französische Revolution

Weltgeschichte für junge Leser

Die ersten Siedler in Nordamerika

Hélène Montardre

Aus dem Französischen von Regina Enderle

KNESEBECK

Inhaltsverzeichnis

Einführung

Zu Beginn des 17. Jahrhunderts war Amerika ein kaum erforschter Kontinent. Das Leben in Europa zu jener Zeit war häufig sehr schwierig. Die geringen Ernten konnten nicht mehr alle Menschen ernähren, und große Hungersnöte suchten sie heim. Zudem hatten viele Menschen andere religiöse oder politische Überzeugungen als die Herrscher ihrer Länder. Aus diesen Gründen weckte der unbekannte Kontinent bei den Europäern große Träume, und einige überlegten, dorthin auszuwandern.

Amerika galt als ein Land unbegrenzter Freiheit, in dem jeder ein Vermögen machen kann. Einige Wagemutige überquerten daher den Atlantischen Ozean und ließen sich auf dem östlichen Küstenstreifen nieder, von dem man wenig mehr wusste, als dass er von Indianern bevölkert war. In der Regel begaben sich alleinstehende Männer, keine Familien, auf diese Reise. Die größten Siedlungen entstanden im Bundesstaat Virginia.

Das große Geld zu machen war jedoch nicht so einfach! Für die Bestellung des Bodens musste man große Mühen auf sich nehmen. Auch das Klima war anders als in Europa, und deshalb konnte man nicht die gleichen Pflanzen wie in der Heimat anbauen. Außerdem gab es immer wieder Auseinandersetzungen mit den Indianern.

Im Jahr 1620 aber wagte sich eine völlig andere Art von Reisenden über den Ozean. Sie unterschieden sich von ihren Vorgängern in vielerlei Hinsicht. Sie verließen Europa vor allem aus religiösen, nicht aus wirtschaftlichen Gründen und hofften, in Amerika das Reich Gottes auf Erden errichten zu können. Auch Frauen und Kinder waren diesmal unter den Auswanderern. Sie alle waren fest entschlossen, niemals wieder nach Europa zurückzukehren.

Ihr Schiff hielt Kurs auf Virginia, doch die Auswanderer landeten wesentlich weiter im Norden, in einem Gebiet, in dem sich noch niemand niedergelassen hatte. Der dort herrschende lange und kalte Winter setzte den Ankömmlingen schwer zu.

Vor allem die ersten Jahre waren sehr schwer für die Siedler, und viele von ihnen starben. Aber die einheimischen Indianer halfen ihnen, und nach einiger Zeit entstand an dem Ort, den sie Plymouth getauft hatten, eine kleine Siedlung. Die Familien wuchsen, und die Kinder lernten, wie man in dem neuen Land überleben kann. Nun landeten immer mehr Menschen an der amerikanischen Küste, bauten neue Dörfer und erforschten den riesigen Kontinent. Im Jahr 1776 gründeten sie die Vereinigten Staaten von Amerika.

▼ Im September 1620 verlässt die *Mayflower* die europäische Küste in Richtung Amerika. An Bord befinden sich 102 Siedler, die sich in der Neuen Welt niederlassen wollen.

◀ Johann Calvin wird 1509 geboren. Er gehört zu den Reformatoren, die gegen die Oberhoheit des Papstes »protestieren«. Er ist der führende Kopf der Protestanten in Frankreich.

Warum wandern die Menschen aus?

Im Laufe des 16. Jahrhunderts wenden sich viele Christen in Europa von der katholischen Kirche ab. Es entsteht eine neue religiöse Bewegung, die man Protestantismus nennt. Die Vertreter der neuen Glaubensrichtung wie Johann Calvin in Frankreich und Martin Luther in Deutschland »protestieren« (von diesem Wort stammt der Name der Bewegung) gegen die Allmacht des Papstes und der katholischen Kirche sowie gegen die Verehrung der Heiligen, die in ihren Augen nur Götzen sind, die nichts mit einem ehrlichen Glauben zu tun haben. Sie begründen die sogenannte Reformation (»reformieren« bedeutet erneuern) und fordern, dass man die Bibel wieder ernst nimmt und ihre Gebote buchstabengetreu befolgt. Etwa zur gleichen Zeit widersetzt sich in England aus völlig anderen Gründen König Heinrich VIII. der Kirche. Er will sich von seiner Gemahlin Katharina von Aragon scheiden lassen und seine Geliebte Anne Boleyn heiraten. Die katholische

Kirche, der er angehört, lehnt die Scheidung jedoch ab, und der Papst weigert sich, die Ehe aufzuheben. Heinrich VIII. ist außer sich vor Wut und beschließt, sich über die Meinung des Papstes hinwegzusetzen. Im Jahr 1534 gründet er die anglikanische Kirche, eine englische Variante des Protestantismus, und erklärt sich selbst zum Kirchenoberhaupt. Anschließend verstößt er Katharina von Aragon und heiratet Anne Boleyn.

Heinrich VIII. und seine Nachfolger, vor allem Elisabeth I. und Jakob I., lassen alle verfolgen, die nicht der anglikanischen Kirche treu sind. Zu den Verfolgten gehören die Katholiken, da sie dem Papst die Treue halten, und diejenigen Protestanten, die nicht die Überzeugungen der anglikanischen Kirche teilen. Wem diese Politik nicht gefällt, kann das Land verlassen. Diesem Aufruf folgt im Jahr 1608 eine kleine Gruppe von Engländern aus der Region von Nottinghamshire. Zunächst flüchten sie aus England nach Holland, das in Fragen der Religion wesentlich toleranter ist. Dort gründen sie eine Gemeinde, die Puritaner, und leben streng nach den Regeln der heiligen Bücher (»puritanisch« bedeutet sittenstreng).

▼ Der englische Seefahrer Henry Hudson erforscht zu Beginn des 17. Jahrhunderts die Küsten Nordamerikas. Die Hudson Bay in Kanada ist nach ihm benannt.

Ihr Traum ist es, nach den schlichten Grundsätzen der Bibel zu leben und einen Ort zu finden, an dem sie das neue, wahre Reich Gottes auf Erden gründen können.

Ihrer Meinung nach gibt es diesen Ort, und zwar auf der anderen Seite des Ozeans. Es ist Amerika, ein unbewohnter Kontinent – wenn man von ein paar Indianern, von denen die Puritaner gehört haben, absieht. Die Forscher haben bereits seine Küsten erkundet, und auch einige Europäer, darunter vor allem Franzosen und Spanier, haben sich schon dort niedergelassen.

In England erhofft sich Jakob I., der 1603 den Thron besteigt, große Reichtümer von dem neuen Kontinent. Er erlässt ein Gesetz, das den Kaufleuten erlaubt, Schiffe auszurüsten und alle Menschen, die auswandern wollen, nach Amerika zu bringen. Die Auswanderer erhalten das Recht, sich an den bereits erforschten und den englischen Seefahrern bekannten Küsten des neuen Kontinents niederzulassen. Im Gegenzug müssen sie jedoch alle Reichtümer, die sie finden, nach England schicken.

Ab dem Jahr 1608 werden die ersten Siedler nach Virginia geschickt. Sie wandern nicht aus religiösen Gründen aus, sondern wollen schnell ein Vermögen machen. Die Sache ist einfach: Wer genug Geld für die Überfahrt hat, kann in Amerika sofort nach der Ankunft in die eigene Tasche arbeiten. Für die anderen bezahlen die Kaufleute die Überfahrt. Im Gegenzug verpflichten sich die Auswanderer, ihnen sieben Jahre lang die Früchte ihrer Arbeit abzugeben. Die Kaufleute erhalten also die Dinge, die ihnen von den Siedlern aus Amerika geschickt werden, und verkaufen sie

▲ Der Aufbruch der Puritaner ist in der Kunst ein häufiges Motiv.
Auf diesem Bild sieht man eine Familie mit einem Baby, die in Kürze an Bord gehen wird.

▲ Auf diesem Bild beten die Männer, Frauen und Kinder vor der Abfahrt zu Gott. Sie bitten ihn um Schutz und Beistand während der langen Überfahrt.

mit Gewinn weiter. Von diesem Gewinn zahlen sie eine Steuer an die englische Krone, die auf diese Weise mitverdient.

Die seit 1608 in Holland lebenden Puritaner hören von diesem System und beschließen, das Abenteuer zu wagen. Sie sind nicht auf schnellen Reichtum aus, sondern hoffen, in Amerika das Land zu finden, von dem sie träumen. Sie schließen einen Vertrag mit der Handelskompanie und verkaufen ihre Besitztümer, um das nötige Geld zusammenzubekommen. Nur einige persönliche Dinge nehmen sie mit auf das gemietete Schiff, mit dem sie zunächst nach England segeln. Dort gehen sie an Bord eines Schiffes namens *Mayflower*, das sie in die Neue Welt bringen soll. Einige Mitglieder der Gemeinde haben nur wenig Geld. Daher beschließt die Gruppe, ihr Geld zusammenzulegen. Gemeinsam schulden sie der Handelskompanie daher sieben Jahre Arbeit.

Als die *Mayflower* am 6. September 1620 von England aus in See sticht, befinden sich 102 Passagiere an Bord, darunter 32 Kinder. Die Lebensvorstellungen der Auswanderer sind sehr unterschiedlich, und dennoch müssen sie an Bord und später vor Ort miteinander auskommen. Sie alle sind keine Abenteurer oder Eroberer und erst recht keine Goldsucher. Sie verlassen ihre Heimat mit Frauen und Kindern und lassen sämtliche Besitztümer zurück. Es ist ein Abschied für immer, denn sie wollen auf keinen Fall zurückkommen. Die Puritaner möchten in Amerika eine neue Gesellschaft

Ein Schiff, das mit Kurs auf Amerika in See sticht, ist immer ein Ereignis. Die Passagiere wissen, dass die lange Reise Gefahren für sie birgt. Werden sie Europa jemals wiedersehen?

nach ihren Idealen gründen, deren Mitglieder frei und gleich sind. Die anderen Passagiere hoffen vor allem, dass sie in ihrer neuen Heimat endlich einen eigenen Hof besitzen werden. Das ist ihnen in England unmöglich, wo es so viele Menschen, vor allem Arme, gibt und wo den Menschen so wenig Platz zur Verfügung steht.

Aber keiner der Auswanderer hat eine Vorstellung von dem Leben, das ihn in der Zukunft erwartet. Die Passagiere aus Holland sind zum großen Teil Arbeiter aus der Woll- und Tuchindustrie. Sie wissen, dass sie in ihrer neuen Heimat bei null anfangen müssen: Es wird weder Häuser noch Fabriken geben. Sie werden alles mit ihren eigenen Händen aufbauen müssen. Sie haben vor, zunächst vom Fischfang und später vom Ackerbau zu leben, doch eigentlich wissen sie weder etwas über Fischfang noch über Ackerbau und auch nichts über die Tiere, die man an der amerikanischen Küste jagen kann, oder die Früchte, die man dort am besten anbaut. Gewehre haben sie ebenfalls bei sich, doch werden sie wissen, wie man sie einsetzt? Niemand hat sie auf ihr neues Leben vorbereitet.

König

Heinrich VIII.

Im Jahr 1509 besteigt Heinrich VIII. im Alter von 18 Jahren den Thron. Er ist ein intelligenter und gebildeter junger Mann und ein ausgezeichneter Ritter, der sehr geschickt im Umgang mit Waffen ist. Seine drei Millionen Untertanen sind ihm wohlgesinnt, denn sein Vater förderte den Seehandel und brachte ihnen den Frieden.

Im selben Jahr heiratet er Katharina von Aragon, die ihm eine Tochter, Maria, schenkt. 24 Jahre später beginnt Heinrich, sich um die Thronfolge zu sorgen. Maria ist sein einziges Kind geblieben, und er ist der Überzeugung, dass sein Land nicht von einer Frau regiert werden kann. Zudem ist er bis über beide Ohren in die schöne und selbstbewusste Hofdame Anne Boleyn verliebt.

Er setzt die Scheidung gegen den ausdrücklichen Willen des Papstes durch und erklärt sich zum Oberhaupt der neuen anglikanischen Kirche, einer Version des Protestantismus. Im Protestantismus ist die Bibel die einzige Grundlage des Glaubens, und jeder Gläubige, ob Mann oder Frau, ob verheiratet oder nicht, kann direkt mit Gott Kontakt aufnehmen. Er muss dazu nicht Priester sein und Latein können. Weder die Oberhoheit des Papstes noch die Rangordnung der katholischen Kirche werden weiter anerkannt.

Für Heinrich VIII. ist es sehr vorteilhaft, selbst Oberhaupt der Kirche zu sein: Er kann nun die Klöster enteignen und deren Güter, die ein Drittel der Ländereien des Landes ausmachen, an sich bringen. Der König regiert 38 Jahre lang und hat in dieser Zeit sechs Ehefrauen. Die Reformen, die er in der Politik und im wirtschaftlichen Leben Englands einleitet, werden für sein Land sehr wichtig sein und es voranbringen.

▼ Heinrich VIII. ist der Sohn von Heinrich VII. Er wird 1491 in Greenwich geboren und gehört dem Haus Tudor an, einem walisischen Adelsgeschlecht, das fünf englische Könige hervorbringen wird.

Der Mayflower-Vertrag trägt die Unterschriften der Pilgerväter (so werden die ersten Siedler auch genannt), die den Atlantik überquerten. Man kann zum Beispiel den Namen William Bradford erkennen.

Die ersten Forscher, die an den Küsten Nordamerikas landen, erstellen eine Karte von Virginia. Hier sieht man die Chesapeake Bay, die weit ins Landesinnere hineinreicht.

Die Reise

Die 102 Passagiere der *Mayflower* müssen sich selbst um ihr Wohlergehen kümmern. Das Schiff ist nicht besonders groß, doch es sieht solide aus. Etwa 20 Mann wurden als Besatzung angeheuert, das Kommando hat Kapitän Jones. Die Passagiere sind in den Zwischendecks untergebracht. Dort baut sich jeder sein Schlaflager, wo er kann, doch es herrscht überall große Enge. Einige wohlhabende Familien haben winzige Kabinen, die im hinteren Teil des Schiffs eingerichtet worden sind. Für die Überfahrt müssen Nahrung und Wasser für mehrere Wochen mitgeführt werden. Die Lebensmittel werden in Kisten, Fässer und Säcke gefüllt und im Laderaum der *Mayflower* verstaut und festgezurrt. An Bord befinden sich auch einige Dinge für das Leben nach der Ankunft wie zum Beispiel das in Einzelteile zerlegte Boot, mit dem die Siedler die Küsten Amerikas erkunden wollen.

Als die *Mayflower* die Segel hisst, herrscht günstiges Wetter. Dennoch packt alle Passagiere die Furcht: Das Schiff ächzt und kracht und neigt sich gefährlich zur Seite. Der Wind pfeift in den Tauen und zerrt am Segel. In unregelmäßigen Abständen schlagen die großen Wellen gegen den Bug, und die Fässer, die eigentlich festgezurrt sind, knarren bei jeder

Bewegung. Die Reisenden reden sich ein, dass keinerlei Gefahr bestehe, doch sie können kaum glauben, dass ein so kleines Schiff sie sicher über den Ozean bringen wird.

Schon kurze Zeit später werden die Winde immer kälter. Die Passagiere bleiben in den Zwischendecks und hüllen sich in ihre Decken. Sie gehen nur noch kurz an Deck, um frische Luft zu schnappen. Man hatte ihnen gesagt, dass an ihrem Zielort Virginia warmes und mildes Wetter herrsche. Dann bricht eines Tages ein heftiger Sturm los. Die *Mayflower* wird hin und her geschüttelt, das Wasser läuft über das Deck und rinnt in die Zwischendecks. Das Schiff neigt sich bedenklich zur Seite, die Masten krachen. Als der Sturm endlich nachlässt, ist das Schiff schwer beschädigt. Man fragt sich, ob es nicht besser sei umzukehren. Für die Passagiere wäre das eine Katastrophe: Sie haben alles verkauft, was sie besaßen, und in England würde sie nichts als Armut und große Not erwarten. Zum Glück haben sie jedoch Material an Bord, mit dem sie das Schiff notdürftig reparieren können, und die Reise wird fortgesetzt. Alle fragen sich bang, ob sie je heil ankommen werden.

Es herrschen eisige Temperaturen, und Nebelbänke ziehen über den Ozean. Wo sind

Nur die Männer unterzeichnen den Mayflower-Vertrag. Die Frauen werden durch ihren Ehemann oder Vater vertreten.

nur die versprochene Wärme und die Sonne? Nach über acht Wochen ertönt endlich der lang ersehnte Ruf: Land in Sicht! Die Siedler sehen sich an und blicken fragend auf den Kapitän. Er bestätigt ihre Vermutung: Sie sind sehr viel nördlicher gelandet als geplant. Virginia befindet sich weiter im Süden, viele Tagesreisen auf See entfernt. Kurze Zeit erwägen sie, dorthin zu segeln, doch die Winde hindern sie daran. Die Küste liegt vor ihnen, ganz nah, und alle an Bord haben genug vom Leben auf dem Schiff. Dieses Land ist ebenfalls Amerika, und nichts hält sie davon ab, sich hier niederzulassen.

Nichts außer der Tatsache, dass es nicht der Ort ist, für den sie von der englischen Krone die Siedlungsgenehmigung erhalten haben, da der König für die Errichtung der Kolonien spezielle Gebiete ausgewiesen hat. Sie befinden sich also jetzt in einem Gebiet, das keinem Gesetz unterliegt. Daher beschließen sie, gemeinsam ein politisches Übereinkommen zu verfassen, in dem ihre Rechte festgelegt werden und das zukünftigen Regierungen als Grundlage dienen soll. Der Text erhält den Namen Mayflower-Vertrag und wird am 11. November 1620 von den Passagieren unterzeichnet. Darin legen sie fest, dass die Siedler treue Untertanen des Königs von England sind, das heißt, dass sie seine Oberhoheit anerkennen, dass sie eine politische und bürgerliche Gemeinschaft bilden wollen und sich das Recht geben, Gesetze zum Wohl aller zu erlassen. Ein Gouverneur wird gewählt, er heißt John Carver.

Margaret,

ein junges Mädchen auf der *Mayflower*

▲ Viele Bilder zeigen Szenen der Reise der *Mayflower*. Hier stellte der Künstler sich vor, wie die Passagiere, eben an Bord gekommen, Gott um eine glückliche Überfahrt bitten.

Margaret ist 14 Jahre alt, als sie mit ihrer Familie an Bord der *Mayflower* geht. Daheim in London schaute sie oft von den Fenstern ihres Hauses aus dem Straßentreiben unten zu und liebte es, in den Tuchgeschäften um Stoffe oder Bänder zu feilschen. Ihre Familie und sie sind keine Puritaner. Ihr Vater hat beschlossen, sein Glück in der Neuen Welt zu versuchen. Margaret musste daher die meisten Möbel und Dinge aus ihrer

◀ Wenn man wie Margaret noch nie eine Seereise unternommen hat, erscheint einem das Schiff sehr klein und zerbrechlich, wenn es von den Wellen hin und her geschaukelt wird.

Kindheit zurücklassen, denn auf dem Schiff gibt es nur sehr wenig Platz.

Anfangs glaubte sie nicht wirklich, dass sie fahren würden. Doch eines Tages reiste die ganze Familie in eine andere Stadt und bestieg ein im Hafen liegendes Schiff. Es kam Wind auf, und die Segel blähten sich. Das Schiff kam in Fahrt und ließ die Küste hinter sich. Lange blieb Margaret mit Tränen in den Augen an Deck stehen und blickte auf die dünne braune Linie am Horizont. Immer wieder kamen ihr die Worte des Vaters in den Sinn: »Wir werden niemals zurückkehren. Von jetzt an spielt sich unser Leben, euer Leben, auf der anderen Seite des Ozeans ab.«

Nach zehn Wochen auf See kann sie das Leben auf dem Schiff kaum noch ertragen. Die Passagiere leben dicht beieinander, man ist nie allein. Sobald das Schiff aufs offene Meer kam, wurden alle seekrank. Auch sie erwischte es, dabei hasst sie es, sich übergeben zu müssen. Das Schlimmste aber ist der Gestank in den Zwischendecks, obwohl die Frauen die Böden immer wieder mit Meerwasser putzen. Die wenigen Kleider, die sie mitnehmen konnte, sind in einem schrecklichen Zustand. Sie haben überall Flecken und Risse, die sie sich auf der Leiter zu den Zwischendecks holte. Die Körperpflege ist ebenfalls ein Problem, denn an Bord muss man mit Süßwasser sehr sparsam umgehen. Zum Waschen darf es keinesfalls verschwendet werden.

Margaret langweilt sich. So weit das Auge reicht, gibt es nichts als das Meer ... und die Angst. Sie hilft den Frauen beim Beaufsichtigen der Kinder und beim Putzen. Sehnsüchtig wartet sie auf die nächste Mahlzeit. Doch was für ein Essen! Die Nahrungsmittel sind rationiert. Da die Siedler nur wenig Geld hatten, konnten sie nicht alles kaufen, was sie wollten. Derzeit herrscht große Furcht, dass die Lebensmittel zu Ende gehen, bevor die *Mayflower* Amerika erreicht hat. Margaret denkt mit Schrecken daran: Was passiert auf einem Schiff mit hundert Menschen, wenn es nichts mehr zu essen gibt? Langsam kaut sie ihr Stück Zwieback, damit es möglichst lange hält, und zwingt sich, den getrockneten Fisch zu essen, den sie überhaupt nicht mag.

Wenn die Zeit es erlaubt, geht Margaret an Deck und sucht sich eine ruhige Ecke. Sie ruft sich alles ins Gedächtnis, was der Vater ihr über die neue Heimat erzählt hat und was die anderen mit zitternder Stimme flüstern. Ein wunderbarer Garten soll sie am anderen Ufer erwarten, in dem man überall Früchte pflücken kann. Andererseits sollen dort seltsame Völker leben, die völlig nackt herumlaufen. Bei diesem Gedanken wird Margaret rot und zieht den Schal enger um ihre Schultern. Diese Völker haben einen schlechten Ruf: Es wird gemunkelt, dass sie ihre Feinde braten und essen. Wird das ihrer aller Schicksal sein?

Die Berichte ihres Vaters hören sich wirklichkeitsnaher an. Er erklärte ihnen, dass sie dort lernen müssten, wie man Fische fängt und sie trocknet, wie man Fallen für wilde Tiere stellt, wie man Häute gerbt und wie man Holz sägt und zu Brettern verarbeitet. Von all diesen Arbeiten hat Margaret früher nie gehört, und eigentlich ist sie nicht erpicht darauf, sie kennenzulernen.

▼ In Europa machen zahlreiche Geschichten über Amerika die Runde. Einige sind wahr, andere erfunden. Die Europäer glauben, dass der Kontinent von vielen seltsamen Wesen bewohnt wird.

Ein schwerer Anfang

Die Küste, an der die *Mayflower* anlegte, bildet eine langgestreckte Halbinsel und heißt Cape Cod, auf Deutsch »Kap Kabeljau«. Die Seefahrer, die diesen Küstenabschnitt erforschten, tauften ihn einst auf diesen Namen. Die Männer der *Mayflower* beschließen, das Boot zu Wasser zu lassen und die unbekannte Gegend zu erkunden. An Land finden sie Wasserquellen und entdecken, dass es nicht unbesiedelt ist. Sie erkennen flüchtende Schatten im Wald und schließen auf Indianer.

Jetzt müssen sich die Männer eingestehen, dass an dieser weit nördlich von Virginia liegenden Küste auch Indianerstämme leben. Wie viele sind es? Wie kann man herausfinden, ob sie Freunde oder Feinde sind? Die Angekommenen folgen ihnen vorsichtig und entdecken verlassene Felder und eine Stelle, an der im Sand gegraben wurde. Sie beginnen ebenfalls zu graben und finden Körbe mit Mais, Bohnen in Farben, die sie noch nie zuvor gesehen haben, und anderen unbekannten Samen. Sie wurden im Boden vergraben, damit sie frisch bleiben. Für die Männer sind es willkommene Lebensmittel, die eine Bereicherung der schmalen Kost an Bord darstellen.

◀ Dieses Bild stellt die Ankunft der Pilgerväter in Amerika dar. Die Männer haben sich vorsichtshalber bewaffnet, weil sie nicht wissen, was sie erwartet.

Mehrere Tage lang suchen die Männer die Küste nach einem geeigneten Ort ab, an dem sie sich niederlassen können. Es gibt mehrere Dinge zu beachten: Er sollte auf einer Anhöhe liegen, damit er leicht zu verteidigen ist; das Gelände darf aber nicht zu steil sein, da man sonst keine Häuser bauen kann. In der Siedlung muss es Wasserquellen geben, sie darf aber nicht zu weit vom Meer entfernt liegen. Und schließlich sollte es eine geschützte Bucht geben, in der man einen Hafen für Boote und Schiffe anlegen kann.

Die Zeit vergeht. Die Frauen und Kinder bleiben auf der *Mayflower*, während die Männer die Küste erkunden. Schneefall setzt ein, und die Vorräte aus England gehen zur Neige. Das Leben auf dem Schiff wird immer schwieriger. Die Kinder sind überall und müssen ständig überwacht werden, damit sie beim Spielen nicht über Bord fallen oder an die Waffen und das Schießpulver geraten. Eines Tages kommen die Männer endlich mit der Nachricht zurück, dass sie den idealen Ort gefunden haben. Sie hissen die Segel, und am 16. Dezember geht die *Mayflower* in einer Bucht vor Anker. Die Siedler taufen den Ort auf den Namen Plymouth.

Die Männer machen sich sofort an die Arbeit. Sie fällen Bäume für ein Gemeinschaftshaus, in dem alle Siedler Platz finden sollen. Der Winter setzt schon ein, und bis die lange Kälte anbricht, würden sie es nicht mehr schaffen, für jede Familie ein eigenes Haus zu bauen. In der Zwischenzeit wohnen sie weiterhin auf der *Mayflower*. Gemäß der Verein-

▼ Dort, wo die Siedler landen, herrscht bereits Winter. Sie bauen hastig Unterschlupfe, die etwas Schutz bieten, und entzünden Feuer, an denen sie sich wärmen und die Mahlzeiten zubereiten können. Nach und nach wird das Schiff entladen.

barung mit den Kaufleuten dient das Schiff als Zuflucht für die Siedler, solange sie noch kein eigenes Zuhause gebaut haben und sich noch nicht selbst versorgen können. Es wird Monate dauern, bevor es so weit ist.

Die Männer verlassen frühmorgens das Schiff und kehren abends erschöpft zurück. Die Frauen kümmern sich um das Essen, die Wäsche und die Kinder.

Im Januar gibt es erste Anzeichen für eine Krankheit, die Ähnlichkeit mit dem Skorbut hat. Die Wochen auf See, der Mangel an Vitaminen und bestimmten Medikamenten, die Erschöpfung und das kalte Wetter zeigen nun ihre Wirkung. Die Kolonie wird von einer Epidemie (einer Krankheitswelle) heimgesucht.

Die Kranken werden in das Gemeinschaftshaus gebracht, das nach einem Monat harter Arbeit notdürftig fertiggestellt worden ist, und von den Frauen gepflegt. Die Männer bauen weitere Häuser, doch je mehr Kranke es gibt, desto weniger Arbeiter können die Arbeiten fortführen. Der Bau kommt kaum voran. Auch einige Seeleute der *Mayflower* werden krank.

Während dieser ganzen Zeit streichen die Indianer um die Gebäude und stehlen manchmal Werkzeug. Die Siedler befürchten einen Angriff. Sie wollen nicht offen zeigen, dass ihre Zahl abnimmt, und bestatten die Toten daher in namenlosen Gräbern. Niemand soll wissen, wie viele Menschen gestorben sind. Nur die Hälfte der Siedler überlebt den harten Winter.

► Bei der Ankunft der Siedler in Amerika zeigen sich die Indianer nicht. Später jedoch helfen sie den Europäern und lehren sie wichtige Dinge, zum Beispiel, welche Pflanzen man wann aussät. Einige Stämme nehmen sogar verirrte Reisende bei sich auf.

Peregrine

wird geboren

▶ Unter den aus England mitgebrachten Dingen ist auch die Wiege für das Baby Peregrine. Die werdende Mutter wollte sie auf keinen Fall zurücklassen.

Peregrine wurde im Dezember 1620 an Bord der *Mayflower* geboren. Das Schiff lag vor Cape Cod vor Anker, und die Männer suchten nach dem richtigen Ort für die Siedlung, als seine Mutter, Susanna White, die ersten Wehen bekam. Im Zwischendeck wurde rasch Platz gemacht. Die jungen Mädchen gingen mit den Kindern an Deck und beschäftigten sie mit Spielen. Die Frauen scharten sich um die werdende Mutter. Sie mussten eine möglichst saubere Stelle herrichten und nach Tüchern suchen, die nach den vielen Wochen noch rein genug waren, um das Neugeborene darin einwickeln zu können. Sie kochten Wasser ab und beruhigten Susanna. Gleichzeitig hofften sie, dass alles gut gehen würde, denn sie konnten ja nirgends Hilfe holen.

Der Erstgeborene der Kolonie ist ein Junge. Seine Mutter nennt ihn Peregrine, ein englisches Wort, das auf Deutsch »Wanderfalke« bedeutet. Die Siedler aus England sehen sich als Pilger, als Wanderer, die auf der Reise zu einem heiligen Ort sind. Amerika, das neue Land, ist für sie dieser heilige Ort. Die Mutter von Peregrine hofft, dass sie ausreichend Milch für ihr Kind hat, weil es an Bord der *Mayflower* keine gibt und der kleine Peregrine auf sie angewiesen ist, wenn er nicht verhungern will. Zum Glück ist der Kleine ein kräftiges Baby, das einen gesunden Eindruck macht – es kann zumindest schon ganz schön laut schreien.

Die Begegnung mit den Indianern

Mit Beginn des Frühlings endet die Epidemie. Die Siedler nehmen die Arbeit an den Häusern für die Familien wieder auf. Die unverheirateten Männer leben im Gemeinschaftshaus, doch alle arbeiten zusammen. Nach und nach beginnen sie, Flächen für den Ackerbau vorzubereiten. Dazu müssen Bäume gefällt, Büsche ausgerissen, Baumstümpfe ausgegraben und große Steine fortgeschleppt werden. Die Ernährung ist schwierig, denn alle Mitglieder der Kolonie haben in dieser Zeit nichts anderes als die kargen Erträge aus Jagd und Fischfang. Die Vorräte der *Mayflower* sind restlos aufgebraucht.

Währenddessen schwebt über allen die Bedrohung durch die Indianer, die nach wie vor um das Lager streichen. Eines Tages nähert sich ein unbewaffneter Indianer und spricht die Siedler in ihrer eigenen Sprache an. Er bedeutet ihnen, dass er Samoset heiße und aus einer anderen Region stamme. Er lernte ihre Sprache

Mit Erstaunen und Beunruhigung reagieren die Siedler auf den ersten Indianer, der sich in ihr Dorf wagt. Als sie erkennen, dass er allein gekommen ist und zudem ihre Sprache spricht, verlieren sie ihre anfängliche Zurückhaltung.

In einem der frisch erbauten Häuser empfangen die Siedler den großen Häuptling Massasoit. Es ist ein bedeutender Moment, denn die Indianer und Siedler beschließen, einen Friedensvertrag zu unterzeichnen.

von englischen Seeleuten, die vor der amerikanischen Küste Fischfang betrieben.

Samoset berichtet ihnen viel Interessantes. Etwas weiter nördlich und im Hinterland leben zahlreiche Indianerstämme. Sie gehören der Gruppe der Algonkin an, doch jeder Stamm hat einen eigenen Namen wie die Narraganset, die Abenaki oder die Wampanoag. Jeder Stamm besitzt auch ein genau begrenztes Gebiet, in dem er jagt und Fische fängt. Zudem hat jede Familie ein Stück Land, das sie bewirtschaftet. Die Indianer treiben Ackerbau, doch sie wandern je nach Jahreszeit von Ort zu Ort. Im Winter leben sie in den geschützten Tälern im Hinterland, während sie im Sommer an die Küste zurückkehren, wo das Land fruchtbarer ist und man Fische fangen kann. Unter den Stämmen kommt es immer wieder zu Auseinandersetzungen oder sogar Kriegen. Einige Stämme betrachten die Siedler mit großem Argwohn, andere sind bereit, ihnen zu helfen.

Samoset erzählt den Siedlern auch von einem anderen Indianer namens Squanto und dessen außergewöhnlichem Leben. Squanto wurde vor einigen Jahren von den Engländern entführt und lebte drei Jahre lang in London, wo er die englische Sprache und Lebensweise kennenlernte. Er erzählte alles, was er von seinem Land und den Indianern wusste, das war den englischen Seeleuten bei der Erforschung der Küsten Neuenglands natürlich sehr hilfreich. Neuengland ist der Name, den sie dieser Region der amerikanischen Küste gaben, er erinnert sie an ihre Heimat. Die ersten Versuche sich niederzulassen scheiterten, da die Männer schlecht vorbereitet waren und den Schwierigkeiten und dem Klima nicht trotzen konnten.

▲ Zum Thanksgiving-Fest tragen Männer, Frauen und Kinder ihre schönsten Kleider.

Nach einiger Zeit kommt Samoset mit mehreren Indianern wieder. Sie bringen die im Winter gestohlenen Werkzeuge zurück und kündigen die Ankunft von Massasoit an. Er ist der Obersachem der Wampanoag, das heißt ihr Häuptling. Sein Kommen ist für die Siedler von großer Bedeutung, da er über mehrere Stämme gebietet. Samoset wird ihn begleiten und für ihn übersetzen. Als Massasoit mit seinen Kriegern eintrifft, sind die Siedler tief beeindruckt, versuchen dies jedoch vor ihm zu verbergen. Die beiden Völker tauschen Geschenke aus und unterzeichnen einen Vertrag. In ihm wird festgelegt, dass keine der beiden Parteien ein Mitglied des anderen Volkes belästigen, verletzen oder bestehlen darf. Wenn eines der Völker angegriffen wird, hat das andere ihm zu Hilfe zu kommen.

Die Siedler sind mit dem Friedensvertrag sehr zufrieden, denn der mächtige Massasoit wird den anderen Stämmen von dem Vertrag berichten. So ist Plymouth auch vor diesen geschützt.

Der November kommt, jetzt sind die Siedler schon ein Jahr in Plymouth. Sie brachten ihre ersten Ernten ein und bauten mehrere Häuser. Mit einem großen Fest möchten sie Gott danken. Sie laden auch ihre indianischen Verbündeten dazu ein. Das Erntedankfest heißt Thanksgiving und ist heute einer der wichtigsten Feiertage in den USA, der immer am letzten Donnerstag im November begangen wird.

Hobomok

vom Stamm der Wampanoag

Hobomok ist einer der Krieger, die den Obersachem Massasoit auf das Fest begleiten, zu dem die Indianer eingeladen wurden. Auf der Festwiese laufen die Vorbereitungen auf Hochtouren. Die Männer schaffen Böcke und Tischplatten herbei und stellen sie zu langen Tafeln zusammen. Die Frauen kommen mit großen Schüsseln voller leckerer Speisen: Kürbiskuchen, Kürbisgemüse, Mais und verschiedene Fleisch- und Fischspeisen. Hobomok beobachtet sie neugierig. Sie tragen lange Kleider, die ihre Körper völlig bedecken. Selbst ihre Haare stecken unter seltsamen Hüten, die sie unter dem Kinn zusammenbinden. Auch die Männer verhüllen ihre Körper mit Kleidern und tragen einen Hut. Hobomok selbst rasiert den ganzen Kopf mit Ausnahme eines Streifens schwarzer Haare oben auf dem Schädel. Er lebt in einem Wigwam, das ist eine mit Baumrinde bedeckte Hütte. Mit dem Kanu gelangt er von einem Ort zum anderen. Auf der Jagd benutzt er Pfeil und Bogen, während die Siedler Feuerwaffen haben.

Doch heute wird nicht gejagt. Heute feiern Siedler und Indianer miteinander ein großes Fest.

▶ In Amerika leben zahlreiche Indianerstämme. Ihre Kultur und ihre Lebensweise unterscheiden sich sehr von denen der Siedler aus Europa.

Das Leben in Plymouth

Langeweile kommt in Plymouth nie auf. Kaum ist 1621 der erste Frühling da, werden auf den Feldern Mais, Kürbis und Bohnen ausgesät. Samoset, der Indianer, der die Engländer gut kennt, lebt nun bei ihnen in der Kolonie. Er lehrt die Siedler viele nützliche Dinge wie den richtigen Zeitpunkt für die Aussaat nach dem letzten späten Frost, welche Pflanzen miteinander ausgesät werden können, damit man Arbeit und Platz spart, und wie man Fisch als Dünger benutzt. Die Siedler entdecken den »indianischen Weizen«, nämlich den Mais, und lernen, ihn auf viele verschiedene Arten zuzubereiten. Er wird ihr neues Grundnahrungsmittel. Das ist auch gut so, denn das Weizen-Saatgut, das sie aus England mitgebracht haben, keimt in der Erde Neuenglands nicht. Möglicherweise vertrug es die Feuchtigkeit auf der Überfahrt nicht, oder es kann in der besonderen Erde Amerikas einfach nicht aufgehen.

Massasoit schickt zwei weitere Indianer nach Plymouth, die den Siedlern helfen sollen. Ihre Ratschläge sind von unschätzbarem Wert. Sie wissen alles über die Pflanzen in ihrem Land, die verschiedenen Sorten von Bohnen, Kürbissen, Tabak oder Ahornzucker und wie man die Früchte erntet und haltbar

Die Indianer sind für die Siedler eine große Hilfe. Als Gouverneur William Bradford beschließt, einigen Stämmen einen Besuch abzustatten und einen Handel mit Tierfellen auf die Beine zu stellen, werden er und seine Truppe von einem Indianer zu den Lagern der Stämme geführt.

macht. Sie kennen die Region wie ihre Westentasche, und Samoset ist ein umsichtiger Führer und guter Übersetzer bei den anderen Stämmen.

Die Indianer zeigen den Siedlern auch die wilden Tiere, zum Beispiel Elche, Biber, Truthähne oder Gänse, die im Wald leben, und unterweisen sie in den richtigen Jagdmethoden. Sie wissen ebenfalls, wie man Muscheln, Hummer oder Lachse fängt. Sie zeigen den Siedlern, wie man Tierhäute und Holz verarbeitet und daraus Kleidung oder Schlitten macht. Alle Mühen der Männer, Frauen und Kinder haben nur ein Ziel: ausreichend Nahrung zu beschaffen und Vorräte für den nächsten Winter anzulegen, damit es ihnen an nichts mangelt. Gemeinschaftliche Vorratsschuppen für die Lebensmittel werden gebaut. Die einfachen, aus Rundhölzern errichteten Häuser liegen an einer Hauptstraße aus festgetretener Erde, die sich bei Regen in Morast verwandelt. Trotz aller Anstrengungen fehlt es an vielem. Die Siedler haben zum Beispiel keine Milch, weil sie weder Kühe noch Ziegen, noch Schafe mitbringen konnten. Ihre Kleider sind zerschlissen, und die der Kinder sind zu klein geworden. Es gibt aber keinen Markt, auf dem man neuen Stoff kaufen

▲ Ein Jahr nach ihrer Ankunft haben die Siedler mehrere Häuser aus Rundhölzern erbaut. Die Indianer zeigen ihnen, wie sie Felder und Gärten anlegen müssen.

kann. Sie müssen die alten Sachen immer wieder flicken, umnähen oder auf andere Weise passend machen.

Hinzu kommt, dass sie ihre Schulden bezahlen müssen. Die Kaufleute hatten ja von Reichtümern im Überfluss gesprochen, die die Ankömmlinge nur aufzusammeln und nach England zu schicken bräuchten. Doch die Siedler sind vollauf damit beschäftigt, einfach zu überleben. Sie wissen, was sie ins Heimatland schicken könnten, wenn sie nur die Möglichkeit hätten: Fässer mit getrocknetem Fisch, Biberfelle und Pelze, denn diese Dinge sind in Europa sehr gefragt.

William Bradford, der neue Gouverneur, der nach dem Tod von John Carver im April 1621 sein Nachfolger wurde, bittet Massasoit, ihnen dabei zu helfen, von den Indianern Pelze zu erhalten. Massasoit verspricht ihm, dass die 30 Stämme, über die er befiehlt, in Zukunft mit den Siedlern Handel treiben werden. Sie tauschen Häute und Pelze gegen Waffen oder Glasperlen ein. Später wird der Gouverneur zusätzlich Abkommen mit anderen Stämmen schließen. Leider dauert es einige Zeit, bis die ersten Lieferungen in England eintreffen, denn der Weg über das Meer ist nach wie vor lang und gefahrvoll.

Ein Tag

im Leben von John und Sarah

▶ In ihrer neuen Heimat müssen die Siedler erst lernen, wie man die natürlichen Rohstoffe nutzen kann. Im Wald gibt es Beeren und Wild, und auch Feuerholz findet man hier.

John ist elf und Sarah 13 Jahre alt. Ihre Familie hat Glück gehabt: Keiner wurde krank, und alle überlebten. Nun ist es Hochsommer, und die beiden helfen ihren Eltern und den anderen Erwachsenen, wo sie nur können.

Nach einem kurzen Frühstück geht John mit einem Eimer in den Wald. Dort reifen viele Beeren, aus denen seine Mutter Nachspeisen macht und die sie für den Winter trocknet. Anfangs wusste John nicht, was er pflücken sollte. Er kommt aus London, und in Londons Straßen gibt es keine Früchte zu ernten. Zum Glück zeigte der Indianer Samoset ihm, welche Beeren essbar sind. John hat keine Angst. Er geht gerne in den Wald und beobachtet Vögel und wilde Tiere. Er darf aber nicht trödeln, weil er weiß, dass seine Mutter ihn bald braucht. Sie benötigt Holz für den Herd, auf dem sie Lebensmittel für den Winter einkocht. Auch für ihn wurde es zu einer Regel, an den Winter zu denken, denn jedes Mal, wenn er Holz hackt, legt er einen Teil für den Winter beiseite. Nach und nach wächst der Stapel.

Nach dem Holzhacken gibt es Mittagessen: Mais, diesmal als Brei, ohne Butter oder Milch, mit gedünstetem Kürbis. An manchen Tagen sehnt er sich nach etwas Abwechslung. Mais und Kürbis zu jeder Mahlzeit! Das kann einem auf die Dauer zum Hals heraushängen, auch wenn die Zubereitung jedes Mal anders ist. Zum Glück erlegen die Jäger ab und zu etwas Wild, und auch John selbst versucht sich im Fallenstellen.

Sarah ist zur gleichen Zeit wie ihr Bruder aufgestanden. Am Morgen kehrt sie als Erstes das Haus aus. Diese Arbeit entmutigt sie jedes Mal aufs Neue: Der Staub scheint sich über Nacht zu vermehren! Alle Familienmitglieder leben natürlich in einem Raum, weil das Haus nur einen Raum hat. Der Herd an der Wand heizt ihn und wird zum Kochen benutzt. Die wenigen Dinge, die sie aus England mitgebracht oder hier gefertigt haben, liegen auf den Regalen an den Wänden. Der einzige Reichtum der Familie ist die mitgebrachte Truhe mit ihren Kleidern und Decken. Der Boden besteht aus breiten Holzdielen, in denen sich Staub und Schmutz festsetzen. Die Strohsäcke, auf denen die Familie schläft, liegen noch auf dem Boden. Sarah muss sie aufeinanderstapeln, um Platz zu schaffen. Nach dem Aufräumen heißt es Wasser holen. Es ist unglaublich, wie viel Wasser sie brauchen: zum Kochen, zum Trinken, für das Baby und zum Waschen. Sarah muss mehrmals am Tag mit zwei Eimern vom Haus zur Quelle gehen, das Wasser tropft ihr dabei auf die Füße. Anschließend geht sie in den Garten. Ihre Mutter ist mit ihrem kleinen Bruder bereits dort, doch wenn es zu heiß wird, schafft sie das Baby wieder ins Haus und kocht. Nun muss Sarah allein Unkraut jäten. Sie mag diese Arbeit sehr, ihr Garten ist dank der Blumensamen aus England der schönste von allen! Hier wachsen Mais, Bohnen und die Setzlinge der Erdbeerpflanzen, die John aus dem Wald mitgebracht hat.

Nach dem Mittagessen nutzt Sarah die ruhige Stunde und wäscht sich die Haare. Das ist keine leichte Aufgabe, denn wenn sie die Knoten gelöst hat, reichen ihre Haare bis zur Taille. Es ist wunder-

Die Siedler legen großen Wert darauf, dass alle ihre Kinder lesen lernen. Am Abend, nach getaner Arbeit, setzen sie sich zusammen und lernen gemeinsam.

bar, sie an der Luft trocknen zu lassen. Wenn die Mittagshitze vorüber ist, schickt ihre Mutter sie mit John an den Strand. Dort sollen sie Venusmuscheln suchen, die ihr Vater so gern mag. Sie treffen die anderen Kinder, rennen gemeinsam vor den Wellen davon und spielen Fangen. Zusammen kehren sie in die Siedlung zurück. Bald ist es Zeit für das Abendessen. Am Abend, wenn alle Arbeiten ruhen, liest der Vater ihnen eine Stelle aus der Bibel vor. Später werden die Strohsäcke auf dem Boden ausgelegt und die Decken darübergebreitet, damit

▲ Ihre Garderobe können die Siedler nicht einfach erneuern. Sie haben ja keine Ersatzstoffe aus England mitgenommen, sondern müssen die alten Stücke wieder und wieder flicken. Wenn die Kinder aus ihren Kleidern herausgewachsen sind, nähen ihre Mütter für sie aus den alten Kleidern der Großen neue.

alle sich schlafen legen können. Schon kurze Zeit später hört sie ihren Vater schnarchen. Wie jeden Abend fürchtet Sarah, nicht einschlafen zu können, und denkt an London und die lange Überfahrt auf der *Mayflower* zurück. Das alles ist in so weite Ferne gerückt ... Schließlich fallen ihr die Augen zu.

Entlang der amerikanischen Küste werden überall neue Siedlungen errichtet. Die Holländer lassen sich auf der Insel Manhattan nieder und gründen New Amsterdam. Später wird die Stadt an die Engländer verkauft werden und den Namen New York erhalten.

Den gemeinsamen Alltag meistern

Die Erziehung der Kinder ist unter den schwierigen Lebensbedingungen nicht einfach. Sie übernehmen einen Teil der anfallenden Arbeiten, werden anhand der mitgebrachten Bibeln und Gesangbücher in Lesen und Schreiben unterrichtet und im Glauben streng nach dem Wort Gottes erzogen. Die Puritaner aus Holland versammeln sich regelmäßig zum Gebet und wiederholen die Gebote ihres Glaubens. Den anderen steht es frei, an den Gottesdiensten teilzunehmen. Aber als die *Mayflower* im April 1621 zurück in die alte Heimat fährt, gibt es keinen Siedler, der aufgeben und nach England zurückkehren will. Ihre Entscheidung steht fest.

Der erste Gouverneur John Carver und sein Nachfolger William Bradford fordern lediglich die Einhaltung einiger grundlegender Regeln. Man darf sich amüsieren, doch alles mit Maß. Tagsüber gibt es ohnehin so viel Arbeit, dass man kaum dazu kommt, sich mit anderen Dingen zu vergnügen. Auch die Erzie-

hung der Kinder nimmt Zeit in Anspruch, denn sie ist in den Augen der Siedler sehr wichtig. Schon früh werden die Jungen und Mädchen als vollwertige Männer und Frauen angesehen, und man überträgt ihnen verantwortungsvolle Aufgaben. Alles, was sie wissen müssen, wird ihnen genau beigebracht. Dazu gehören neben Lesen und Schreiben auch Bibelkunde und eine Berufsausbildung. Im Glauben der Puritaner hat jeder Mensch sein eigenes Schicksal, das von der Familie respektiert wird. Indem jeder seiner Bestimmung folgt, auch das Kind, kann er der Gemeinschaft am besten dienen. Die Puritaner und die anderen Siedler teilen nicht die gleichen Glaubensvorstellungen und haben nicht die gleichen religiösen Feiertage. Die Puritaner lehnen es zum Beispiel ab, Weihnachten oder Ostern zu feiern, weil diese Feste ihrer Meinung nach nicht Gott oder Jesus Christus, sondern nur den Papst oder heidnische Götter feiern. Für sie sind es gewöhnliche Arbeitstage. Der Sonntag ist bei Kindern und Erwachsenen dagegen ein Tag der Ruhe und des Dienstes an Gott. Sollte man jedoch während der Predigt einschlafen, drohen harte Strafen!

Ende des Jahres 1621 kommt ein Schiff aus England an. Es ist die *La Fortune*, die neue Siedler an Bord hat. Es sind überwiegend junge Männer, die das Abenteuer in der Neuen

In Neuengland müssen alle Kinder, also Jungen und Mädchen, lesen und schreiben lernen. Überall werden Schulen eingerichtet.

Welt reizt. Die Einwohner von Plymouth freuen sich über die Neuankömmlinge und lauschen begierig den Nachrichten, die sie aus England bringen. Die Angekommenen werden im Gemeinschaftshaus und in den Familien untergebracht. Aber es sind so viele! Die Vorräte reichen nicht aus, um die ganze Bevölkerung durch den Winter zu bringen, und die Neuen haben nichts mitgebracht. Der Winter in Plymouth wird schwierig werden. Hinzu kommt, dass ein Indianerstamm, der mit dem Stamm von Massasoit verfeindet ist, droht, sie anzugreifen. Die Siedler umgeben daher ihr Dorf mit einer Palisade, einem aus dicken Holzpfählen bestehenden Zaun, und errichten auf dem Hügel eine Festung. Plymouth wird zu einem befestigten Lager. Die nächsten Jahre werden für die Siedlung nicht einfacher werden. Die Winter sind lang und hart, und häufig werden die Lebensmittel knapp. Aber die Pilgerväter lernen auch immer besser, mit dem, was sie finden und was sie von den Indianern wissen, zurechtzukommen. Sie heiraten und bekommen Kinder. Immer mehr Schiffe aus Europa erreichen die Küste Amerikas und bringen Menschen, die sich hier niederlassen wollen. Auch die Angehörigen der Männer, die erst einmal allein die Überfahrt wagten, sind dabei. Neue Häuser werden gebaut. Mit den zurückkehrenden Schiffen schicken die Siedler getrockneten Fisch und Pelze nach England. Auf diese Weise zahlen sie den Kaufleuten die Kosten ihrer Überfahrt zurück. Eines der Schiffe wird von Piraten überfallen, und die Ladung geht verloren. Die anderen kommen heil an. Plymouth wächst und wächst …

Elisabeth,

ein junges Mädchen in Plymouth

Elisabeth ist 16 Jahre alt. Immer wenn sie allein sein will, was in letzter Zeit häufig geschieht, geht sie an den Strand und spaziert am Meer entlang. Vor einiger Zeit meinte ihre Mutter zu ihr, dass man in ihrem Alter einen Ehemann suchen müsse und dass der Platz einer Frau an der Seite eines Mannes sei. Elisabeth weiß, dass ihre Mutter recht hat.

Für eine Frau gilt in England und in Amerika das Gleiche, da ist die Neue Welt eigentlich gar keine neue: Nur mit einem Ehemann hat sie eine Zukunft. Man erwartet von Mädchen, dass sie heiraten, ihren zukünftigen Haushalt versorgen und Kinder bekommen. Es wäre für sie undenkbar, einen Beruf zu erlernen oder sich zum Beispiel auf Entdeckungsreisen zu begeben.

In Gedanken geht Elisabeth die unverheirateten Männer in der Siedlung durch. Sie kennt sie gut, denn man begegnet sich an den Abenden im Herbst, wenn die Maiskolben geschält werden oder wenn in der Gemeinschaft große Arbeiten wie der Bau einer neuen Scheune anstehen, an denen sich alle beteiligen. Keiner kommt für sie infrage: Der eine ist zu alt, der andere zu jung. Aber da gibt es natürlich noch John, dessen Mutter seine Vorzüge preist. Er ist zwar nett, doch er gefällt Elisabeth nicht besonders ... so richtig schön und stark und klug und liebevoll ist er nicht ... Elisabeth träumt nämlich von der großen Liebe.

▲ In Plymouth begegnen sich die jungen Männer und Frauen jeden Tag, weil sie häufig dieselben Aufgaben haben, zum Beispiel Maiskolben zu ernten.

Wer käme sonst noch infrage? Ach, sie sind nur so wenige hier in dieser Gemeinschaft am Ende der Welt ... aber vielleicht kommen ja noch weitere Schiffe ...

Die Gründung der USA

In Neuengland werden immer mehr Siedlungen wie Plymouth von Auswanderern aus England gegründet. Viele Menschen verlassen ihre Heimat aus religiösen Gründen. Sie fürchten sich vor der Verfolgung durch König Karl I., der 1625 auf den Thron kommt und – wie seine Vorfahren – die Gegner der anglikanischen Kirche bekämpft. Die Gründung einer großen Kolonie in der Bucht von Massachusetts ermutigt viele weitere Puritaner in England, nach Amerika auszuwandern. Die Kolonie wird von wohlhabenden und gebildeten Menschen organisiert. Ganze Gemeinschaften, deren Mitglieder die gleichen religiösen Überzeugungen teilen, erreichen Neuengland und bauen hier genau das Dorf wieder auf, das sie in England verlassen haben. Zwischen 1630 und 1640 kommen immer mehr Schiffe mit puritanischen Siedlern an, die Neuengland immer dichter bevölkern.

Weiter im Süden entlang der amerikanischen Küste werden seit Beginn des 16. Jahrhunderts weitere Dörfer gegründet. Hier lassen sich die Auswanderer nicht aus religiösen Gründen nieder, sie hoffen vielmehr auf das schnelle Geld.

Im Laufe der folgenden Jahrzehnte vervielfachen sich die Siedlungen an der Ostküste,

◀ Bei ihrer Gründung zählen die Vereinigten Staaten von Amerika nur 13 Staaten, die alle an der Ostküste liegen. Der restliche Kontinent (auf der Karte schraffiert dargestellt) ist ein riesiges Land, das nach und nach in neue Staaten unterteilt werden wird.

▼ Im Unabhängigkeitskrieg gegen die Engländer haben die Amerikaner einen Vorteil auf ihrer Seite: Sie kennen das Gelände und sind an die gewaltige Größe des Landes gewöhnt. Der entscheidende Schlag gelingt ihnen im Oktober 1781, als nach der Belagerung von Yorktown, Virginia, die englische Armee aufgibt. Nun muss England die Unabhängigkeit seiner ehemaligen Kolonien anerkennen.

▲ George Washington wird 1732 in Virginia geboren. Er unterstützt die Unabhängigkeitsbemühungen gegenüber England und wird der erste Präsident der Vereinigten Staaten von Amerika.

und immer neue Siedler kommen an. Sie stammen aus England, Schottland und Irland, aber auch aus Deutschland, Holland, Schweden oder Frankreich. Einige von ihnen wandern immer noch aus religiösen Gründen aus, doch die meisten werden von den Geschichten über die Neue Welt angelockt. Daran sind auch die bereits niedergelassenen Siedler schuld, denn in ihren Briefen nach Europa preisen sie die Lebensqualität auf dem neuen Kontinent, die Reichtümer, die sie finden, den Frieden, der hier herrscht, und die gute Luft. Von ihren Schwierigkeiten erzählen sie dagegen nichts.

Nach und nach schließen sich die einzelnen kleinen Siedlungen entlang der Küste zu größeren Kolonien zusammen. So gibt es Ende des 17. Jahrhunderts 13 große Kolonien, die gemeinsam ein amerikanisches Reich bilden, das zu England gehört. Die kleine Siedlung Plymouth gehört zum Beispiel ab 1691 zur großen Kolonie Massachusetts.

Die Siedler in Neuengland gründen Schulen, und 1636 öffnet die erste Universität auf amerikanischem Boden ihre Türen. Sie heißt Harvard. Das Handwerk, vor allem die Holzverarbeitung, und der Handel mit Holz und Pelzen entwickeln sich.

Die Indianer fühlen sich von den Neuankömmlingen immer mehr unterdrückt. Sie werden von den Gebieten verjagt, die sich die Siedler aneignen. Schließlich brechen sogar Kriege zwischen Indianern und europäischen Siedlern aus. Da die Siedler jedoch bessere Waffen besitzen, werden die Indianer, die den ersten Auswanderern gegenüber so hilfsbereit waren, besiegt. Viele von ihnen werden brutal getötet, die anderen gefangen genommen und als Arbeitskräfte ausgebeutet.

In den Kolonien im Süden wie Virginia und Georgia entwickelt sich der Anbau von Tabak, Mais und später Baumwolle. Bald entstehen große Plantagen. Zur Bestellung der Felder werden viele billige Arbeitskräfte benötigt, die man aus Afrika holt. Tausende von Schwarzafrikanern – Männer, Frauen und Kinder – werden nach Amerika verschleppt, wo sie als Sklaven leben.

In den 1760er Jahren wird Georg II. von England bewusst, welche Reichtümer in Amerika schlummern. Der König beschließt, sich mehr um die Kolonien zu kümmern als seine Vorgänger, und erlässt eine Reihe von Gesetzen. Eines von ihnen ist der Stamp Act, eine Steuer, die auf alle kaufmännischen und gesetzlichen Dokumente zu entrichten ist. Alle 13 Kolonien stehen unter dem Schutz Englands. Sie unterscheiden sich stark, eine Sache eint sie jedoch: Keine von ihnen ist damit einverstanden, neue Steuern zu zahlen. Im September 1774 kommen Vertreter aus allen Kolonien in Philadelphia zusammen. Gemeinsam beschließen sie, dass England nicht das Recht hat, ihnen derartige Steuern aufzuerlegen. Damit ist England wiederum nicht einverstanden, worauf der König Soldaten nach Amerika schickt. Die Amerikaner vor Ort stellen zu ihrer Verteidigung Bürgerwehren auf. Im Jahr 1775 bricht der Unabhängigkeitskrieg aus. Am 4. Juli 1776, dem heutigen Nationalfeiertag der USA, unterzeichnen die 13 Kolonien die Unabhängigkeitserklärung, die von Thomas Jefferson verfasst wurde.

Erst im Jahr 1783 jedoch erkennen England und die anderen europäischen Länder Amerikas Unabhängigkeit an. George Washington

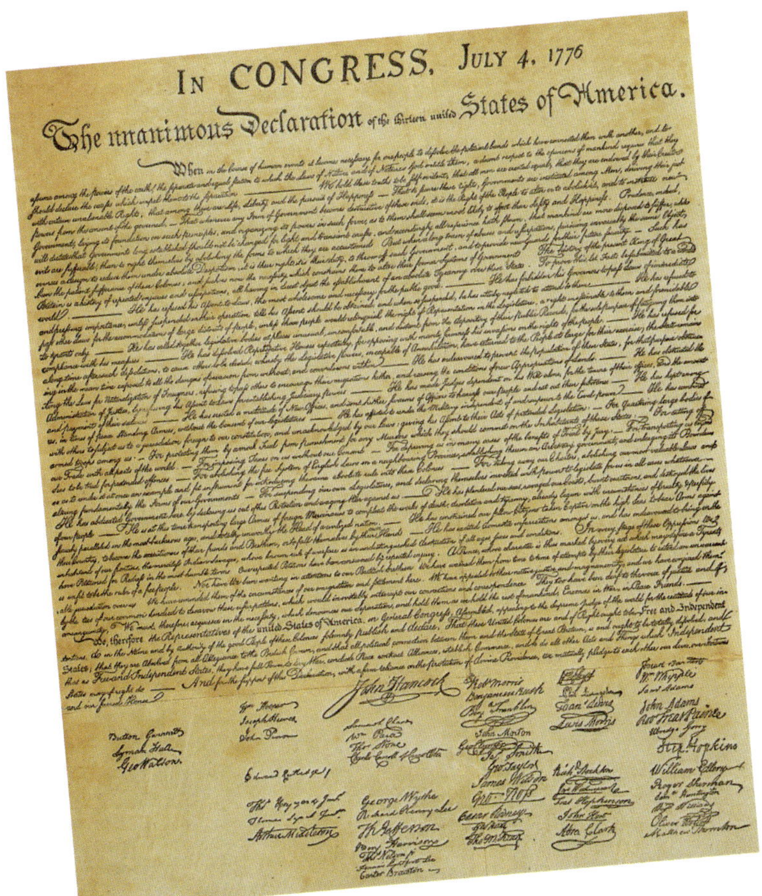
IN CONGRESS, JULY 4, 1776

The unanimous Declaration of the thirteen united States of America.

▲ Am 4. Juli 1776 versammeln sich die Vertreter der 13 Kolonien im Kontinentalkongress und unterzeichnen die Unabhängigkeitserklärung.

wird der erste Präsident der Vereinigten Staaten von Amerika. Aus den 13 Kolonien sind nun 13 Staaten geworden, die zu den USA zählen: Massachusetts, New Hampshire, Connecticut, New York, Rhode Island, New Jersey, Pennsylvania, Delaware, Maryland, Virginia, North Carolina, South Carolina und Georgia.

Heute zählen 50 Staaten zu ihnen, und 285 Millionen Einwohner feiern Thanksgiving im Gedenken an das von den Siedlern der *Mayflower* organisierte Fest am ersten Jahrestag ihrer Ankunft in der Neuen Welt. Viele Amerikaner, insbesondere die vornehmen Familien Neuenglands, versuchen, ihre Abstammung auf einen Passagier der *Mayflower* zurückzuführen.

▼ An vielen Orten entlang der amerikanischen Küste schließen die Siedler Friedensverträge mit den Indianern. Hier handelt William Penn, der Gründer von Pennsylvania, einen Vertrag mit ihnen aus.

Miles,

ein Student in Harvard

▼ Die Universität von Harvard ist die älteste amerikanische Universität. Hier studierten junge Männer, die später große Schriftsteller und Staatsmänner wurden, zum Beispiel Thomas Stearns Eliot, Theodore Roosevelt und Franklin Delano Roosevelt.

Im Jahr 1666 ist Miles 16 Jahre alt. Er ist in Dorchester geboren und aufgewachsen, einer Stadt in der Kolonie Massachusetts. Von klein auf war er sehr wissbegierig. Sehr früh lernte er in einer *dame school* lesen. Das ist keine richtige Schule, sondern ein Haus, in dem die Mutter der Familie den Kleinen in ihrer Küche Unterricht erteilt.

Anschließend besuchte Miles die Lateinschule, das ist eine weiterführende Schule, auf der er unter anderem Latein und Griechisch lernte. In die *dame school* gehen Jungen genauso wie Mädchen, weil die Eltern gern möchten, dass ihre Söhne, aber auch ihre Töchter die Bibel lesen können. In der Lateinschule werden dagegen nur Jungen aufgenommen, denn in den Augen der Eltern brauchen die Mädchen keine weitere Schulausbildung. Sie werden später ohnehin heiraten und dann den Haushalt und ihre Kinder zu versorgen haben. Und dazu benötigt man weder Latein noch Griechisch, glauben sie.

Während der langen Winter kauerten sich Miles und seine Kameraden in der Lateinschule um das Feuer, hörten dem Lehrer zu und schrieben nieder, was er ihnen diktierte. Manchmal sank die Temperatur so tief, dass die Tinte in den Fässern gefror.

Nun ist es für ihn Zeit, seine Tasche für die Universität zu packen. In Harvard werden sie 50 Studenten sein. Vier Jahre lang wird Miles Philosophie, Arithmetik, Griechisch, Hebräisch und vieles mehr studieren. Er weiß, dass das Leben an der Universität nicht einfach ist. Er wird auf alle Annehmlichkeiten verzichten müssen und wahrscheinlich oft Hunger haben, weil sein Taschengeld knapp bemessen ist. Doch er ist stolz darauf, zu den Auserwählten zu gehören, die an der einzigen Universität Amerikas zugelassen sind.

BILDNACHWEIS

Umschlagabbildung: Ankunft der Pilgerväter in Plymouth, Privatsammlung, Foto © Bridgeman Giraudon; S. 5 und S. 17: Jean Blaeu, *Das Welttheater oder der neue Weltatlas*, Sammlung Mx/Kharbine-Tapabor; S. 9: Die *Mayflower*, Foto © AKG Paris; S. 10: Johann Calvin, Foto © AKG Paris; S. 11: Hudsons Ankunft in der Neuen Welt, Foto © AKG Paris; S. 12: Die Pilgerväter gehen an Bord der *Mayflower*, Privatsammlung, Foto © Bridgeman Giraudon; S. 3: Ankunft der Pilgerväter, Foto © Getty Images; S. 14: Die *Mayflower* legt ab, Foto © Getty Images; S. 15: Heinrich VIII., Kunsthandel, Essen, Foto © Sotheby's/AKG-images; S. 16: Unterschriften der Pilgerväter, Foto © Getty Images; S. 18: Der Mayflower-Vertrag, Foto © Getty Images; S. 19: Die Pilgerväter gehen an Bord, Brooklyn Museum of Art, New York, Foto © Bridgeman Giraudon; S. 20: Die *Mayflower*, Foto © Getty Images; S. 21: Amerika, wie es sich die Zeitgenossen vorstellten, Sammlung GROB/Kharbine-Tapabor; S. 22: Die Ankunft der Pilgerväter, Jamestown Educational Trust, VA, Foto © Bridgeman Giraudon; S. 23: Die Ankunft der Pilgerväter, Foto © Getty Images; S. 24: Die Narragansetts nehmen einen Verirrten auf, Privatsammlung, Foto © Bridgeman Giraudon; S. 25: Zeichnung © Jean Trolley; S. 26: Passagiere der *Mayflower*, Foto © Getty Images; S. 27: Der Vertrag zwischen Carver und Massasoit, Sammlung Kharbine-Tapabor; S. 28: Das erste Thanksgiving, Foto © AKG Paris; S. 30–31: Der Marsch von Miles Standish, Library of Congress, Washington D.C., Foto © Bridgeman Giraudon; S. 32: Canonicus heißt die Engländer willkommen, Sammlung Kharbine-Tapabor; S. 36–37: Blick auf New York, Foto © AKG Paris; S. 38: Eine einfache Schule in Neuengland, Sammlung Kharbine-Tapabor; S. 39: Zeichnung © Jean Trolley; S. 40: Zeichnung © Jean Trolley; S. 41: Die Belagerung von Yorktown, Foto © RMN; S. 42: George Washington, Musée National de la Coopération franco-américaine, Foto © AKG-images; S. 43: Unabhängigkeitserklärung, Nationalarchiv, Washington, Foto © AKG Paris; S. 44: Vertrag zwischen Penn und den Indianern, Sammlung Kharbine-Tapabor; S. 45: Harvard Univertity, Foto © AKG Paris

Bibliografische Information Der Deutschen Bibliothek
Die Deutsche Bibliothek verzeichnet diese Publikation in der Deutschen Nationalbibliografie;
detaillierte bibliografische Daten sind im Internet unter http://dnb.ddb.de abrufbar.

Titel der Originalausgabe: *La vie des enfants – Les premiers colons d'Amérique du Nord*
Erschienen bei Éditions du Sorbiers, Paris 2004
Ein Unternehmen der La Martinière Groupe

Deutsche Erstausgabe

Ein Unternehmen der La Martinière Groupe

Layout: Isabelle Southgate und Fabian Arnet
Überzugkonzept: Fabian Arnet
Satz: satz & repro Grieb, München
Druck: Proost, Turnhout
Printed in Belgium

ISBN 978-3-89660-467-5

www.knesebeck-verlag.de